旅游服务汉语

관광서비스
중국어

이하정 저

백산출판사

머리말

21세기 글로벌 시대에 중국은 세계의 중심으로 그 역할과 중요성이 급증하고 있는 가운데, 중국에 대한 관심과 이에 따른 중국어 학습의 열풍은 하루가 다르게 점점 거세지고 있는 것이 현실입니다.

특히 한국을 찾는 중국관광자의 증가와 더불어 이들의 막강한 영향력으로 인해 관광분야에서는 중국인들을 대상으로 한 다양한 상품과 마케팅이 펼쳐지고 수준 높은 서비스를 제공하기 위해 많은 노력과 시도를 하고 있으며, 이에 중국인을 대상으로 하는 관광업체에서 근무하는 직원들에게는 실절적인 '관광서비스중국어' 습득과 활용이 매우 시급한 과제가 되고 있습니다.

그러나 수많은 중국어 교재가 발간되고 있는 요즘, 정작 대학에서 관광중국어 관련 과목을 강의하고 학생들이 실제 업체에 나아가 사용할 수 있는 관광분야의 중국어를 가르치기 위한 목적에 맞는 적절한 교재를 찾기란 결코 쉽지가 않았습니다.

본 저자는 대학의 관광중국어 학습자와 관광분야의 취업목적의 학습자, 그리고 현재 관광업계 종사자들에게 실제 현장에서 사용할 수 있는 가장 실용적이고 효과적인 관광중국어 교재의 필요성을 절실히 느끼며, 이에 중국어를 전공하고 관광중국어 통역안내사 자격을 획득한 후, 한국관광공사에서 8년간 재직 시의 경험과 관광전공 석사와 박사를 거쳐 현재 '관광중국어과'의 교수로서 학생들을 가르치고 있는 노하우를 바탕으로 본 교재를 집필하게 되었습니다.

이제 '관광서비스중국어–여행·항공편'을 시작으로 '호텔·레스토랑편'과 '쇼핑·면세점편' 교재로 한 걸음씩 더 나아갈 수 있도록 더욱 노력할 것을 약속드립니다.

본서의 활용을 통해 관광중국어 분야의 공감대를 함께 하는 많은 이들에게 도움이 될 수 있기를 바라며 끝으로 본서를 발간할 수 있도록 애써주신 백산출판사 진욱상 사장님과 편집실분들, 교재 작업에 도움을 주신 왕수 교수님께 진심으로 감사드리며, 무더운 여름동안 교재작업에 몰두할 수 있도록 아낌없이 격려해준 가족에게 깊은 감사와 사랑을 전합니다.

李 河 貞

목차

III 航空汉语 항공중국어

旅游服务汉语

汉语 入门

중국어 입문

I love China

Try to remember and if you remember then follow

旅游服务汉语

중국어 음절과 발음

01 중국어 음절

1 중국어 표기법

중국어의 글자표기는 간체자와 한어병음으로 구성된다.

门   mén

예를 들어 위와 같이 '문'의 뜻을 가진 글자는 간체자 "门"과 한어병음 "mén"으로 표기된다.

2 간체자와 번체자

중국어의 한자표기는 한자 획수를 가능한 줄여서 나타낸 정식글자인 "간체자(简体字)"를 사용한다. 중국대륙에서 국가공인 정규문자로 사용되는 간체자에 대해서 전통적인 한자, 즉 우리가 흔히 말하는 정자를 "번체자(繁体字)"라 하며 주로 대만과 홍콩에서 사용한다.

3 한어병음자모(汉语拼音字母)

한자는 눈으로 보고, 그 의미를 알 수 있는 뜻글자이지만, 우리의 한글처럼 소리를 나타낼 수 있는 소리글자는 아니어서 소리를 나타내지 못한다.

이에 중국에서는 1958년 한자 읽는 법을 나타내는 알파벳 로마자 표기법인 "한어병음자모(汉语拼音字母)"를 제정하여 공포하였다.

우리나라 어린이가 학교에 들어가서 '가, 나, 다…'의 한글을 배우듯이 중국의 어린아이도 학교에 들어가면 가장 먼저 한어병음을 배운다.

4 음절구조

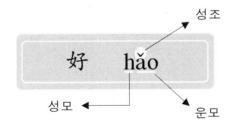

중국어 음절은 성모와 운모 성조로 구성되어 있다.

① 성모는 음절의 처음 자음으로 21개가 있다.

② 운모는 음절에서 성모를 제외한 나머지 부분으로 38개가 있다.

③ 성조는 음절의 높고 낮음을 나타내는 톤을 말하며 4개가 있다.

발 음

1 성모 : 자음에 해당하는 21개의 발음

종류	자음	발음	발음요령
쌍순음	b	[bo] : 무기음	입을 동그랗게 '오' 모양으로 모으고 [뻐]발음
	p	[po] : 유기음	입을 동그랗게 '오' 모양으로 모으고 [퍼]발음
	m	[mo] : 유성음	입을 동그랗게 '오' 모양으로 모으고 입김을 구강이 아닌 비강으로 내쉬며 [모어]발음
순치음	f	[fo] : 무기음	'오' 모양으로 영어발음[fɔ:]처럼 윗니를 아래입술 안쪽에 살짝 댔다 떼며 [포어]
설첨음	d	[de] : 유기음	입김을 혀끝과 잇몸사이로 약하게 내쉬며[떠]발음
	t	[te]	입김을 혀끝과 잇몸사이로 강하게 내쉬며 [터]발음
	n	[ne] : 유성음	입김을 비강으로 내쉬며 [너]발음
설근음	g	[ge] : 무기음	혀뿌리와 입천장 사이로 약하게 터지며 [꺼]발음
	k	[ke] : 유기음	혀뿌리와 입천장 사이로 강하게 터지며 [커]발음
	h	[he]	혀뿌리와 입천장이 닿을 듯 말듯한 상태에서 그 사이로 입김을 내쉬며 [허]발음
설면음	j	[ji] : 무기음	입술을 좌우로 끌어당기고, 혓바닥 전체를 이용하여 [지]발음
	q	[qi] : 유기음	입술을 좌우로 끌어당기고, 혓바닥 전체를 이용하여 [치]발음
	x	[xi]	입술을 좌우로 끌어당기고, 혓바닥 전체를 이용하여 [씨]발음
권설음	zh	[zhi] : 무기음	혀를 뒤로 말아 올리고 혀를 고정하여 [즈]발음
	ch	[chi] : 유기음	혀를 뒤로 말아 올리고 혀를 고정하여 [츠]발음
	sh	[shi]	혀를 뒤로 말아 올리고 혀를 고정하여 [스]발음
	r	[ri] : 유성음	혀를 뒤로 말아 올리고 혀끝을 더 당겨 올리고[르]발음
설치음	z	[zi] : 무기음	혀끝을 윗니와 마찰시켜 약하게 입김을 내쉬며 [쯔]발음
	c	[ci] : 유기음	입김을 거세게 내쉬며 혀끝을 윗니와 마찰시켜 [츠]발음
	s	[si]	혀끝을 윗니와 마찰시켜 약하게 입김을 내쉬며 [쓰]발음

2 무기음과 유기음

(1) 무기음

무기음은 음이 파열과 동시에 성대가 진동하여 울리는 발음이다.

(2) 유기음

유기음은 파열 후에 잠시 숨을 계속 내쉰 다음 성대진동이 시작된다.

(3) 발음의 비교

무기음	bī	dī	gū	jī	zhū	zū
유기음	pī	tī	kū	qī	chū	cū

3 운모 : 모음에 해당하는 38개의 발음. 한 음절의 성모 뒷부분

	모음	발음요령
단운모	a	입을 최대한 벌리고 혀를 낮게 하여 [아]발음
	o	입술을 동그랗게 [오] 모양을 하고는 [어]발음
	e^1	입술을 [으]모양으로 하고 [어]발음
	e^2	입을 반쯤 양옆으로 벌리고 우리말 [에]발음
	i	입술을 좌우로 많이 끌어당겨 [이]소리를 길게 발음
	u	입술을 최소로 둥글게 돌출시켜 [우]발음
	ü	입술을 최소로 둥글게 돌출시키고 [위]발음
복운모	ai	앞모음 [아]는 길고 강하게, 뒷모음 [이]는 짧고 가볍게 [아이]
	ei	앞모음 [에]는 길고 강하게, 뒷모음 [이]는 짧고 가볍게 [에이]
	ao	앞모음 [아]는 길고 강하게, 뒷모음 [오]는 짧고 가볍게 [아오]
	ou	앞모음 [아]는 길고 강하게, 뒷모음 [우]는 짧고 가볍게 [아우]
부성운모	an	[아]발음하다가 'ㄴ'받침 붙여서 [안]발음
	en	[어]발음하다가 'ㄴ'받침 붙여서 [언]발음
	ang	입을 크게 벌려 [아]소리를 내다가 [앙]콧소리 섞어 발음
	eng	[어]소리를 내다 [엉]콧소리 섞어 발음
	ong	입술을 조금 내밀며 [오]하다 [웅]콧소리 섞어 발음
권설운모	er	[어]발음 하다 혀끝을 입천장을 향해 말아 올리면서'ㄹ'을 붙여 [어얼]발음 영어의 'r'발음과 유사

4 결합운모(结合韵母)

운모 중 [i], [u], [ü] 뒤에 다른 운모가 결합해 결합운모가 된다.

(1) [i]와 결합

결합	결합운모	발음요령
i ＋ a	[ya]	[이아-] 앞음절은 짧게 뒤음절은 길게
i ＋ e	[ye]	[이에-]
i ＋ ao	[yao]	[야오]
i ＋ ou	[you]	[요우] 자음이 앞에 올 때는 /iu/로 표시
i ＋ an	[yan]	[이엔]
i ＋ en	[yin]	[인]
i ＋ ang	[yang]	[이양]
i ＋ eng	[ying]	[이잉]
i ＋ ong	[yong]	[융]

(2) [u]와 결합

결합	결합운모	발음요령
u ＋ a	[wa]	[우아-] 앞음절은 짧게 뒤음절은 길게
u ＋ o	[wo]	[우어-]
u ＋ ai	[wai]	[우아이]
u ＋ ei	[wei]	[웨이] 자음이 앞에 올 때는 /ui/로 표시
u ＋ an	[wan]	[우안]
u ＋ en	[wen]	[우언] 자음이 앞에 올 때는 /un/로 표시
u ＋ ang	[wang]	[왕]
u ＋ en	[weng]	[웡] 자음이 앞에 올 때는 /ong/로 표시

(3) [ü]와 결합

결합	결합운모	발음요령
ü ＋ e	[yue]	[위에] 앞음절은 짧게 뒤음절은 길게
u ＋ an	[yuan]	[위엔] 혹은 [위안]
u ＋ en	[yun]	[윈]

旅游服务汉语

제2과　　중국어의 성조와 문장구조

01 중국어의 성조

1 성조(声调)의 구분

　중국어에는 하나하나의 음절에 소리의 높낮이가 있는데, 이것을 성조라 한다. 중국어의 성조는 크게 4가지로 나누어지는데, 이를 4성이라 한다. 또한 살짝 가볍게 소리내는 경성이 하나 더 있다.

　중국어의 한자는 각기 자신의 독특한 성조를 지니고 있는데, 같은 발음이라 하더라도 성조에 따라 뜻이나 글자가 달라진다. 성조 표기는 발음할 때 가장 입이 크게 벌어지는 운모 위에 표기하는데, 이것은 소리가 나는 모양을 그대로 따른 것이며, 가볍게 소리내는 경성은 아예 성조 표시가 없다.

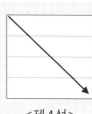

<제1성>　　　<제2성>　　　<제3성>　　　<제4성>

2 4성

(1) 제1성

높고, 고르게, 길게 내는 고평조. 소리가 길게 높으며, 평탄하다.

산의 정상에 오르면 "야호 -"하고 크게 소리를 외칠 때의 "야 -"처럼 길고 높은 소리가 바로 제 1성이다.

(2) 제2성

중간에서 높이 올라가는 상승조. 입에서 곧장 코를 향해 급하게 울려 내는 소리이다. 이는 마치 깜짝 놀라서 "뭐라구?" 할 때, "-구?"하고 올리는 소리와 비슷하다.

(3) 제3성

약간 높은 음에서 시작하여 약간 낮은 음으로 내려갔다 다시 올라가는 강승조. 중국어 성조 중 안으로 기어 들어가는 소리는 제 3성밖에 없다.

3성은 목안으로 깊숙하게 집어넣었다가 가볍게 다시 살짝 올려 토해 내는 소리이다.

(4) 제4성

높은 음에서 급격히 낮은 음으로 떨어지는 하강조. 급하게 토해내는 소리로 마치 화가 잔뜩 나서 상대를 "야!"하고 부르는 소리와 비슷하다.

(5) 경성

아주 짧은 동시에 가벼운 소리. 앞의 성조에 따라 높낮이가 약간 씩 달라지기도 하고, 모든 성조가 경우에 따라 가볍게 발음되기도 하고, 어떤 글자들은 본래 성조를 갖지 않고 가볍게 발음되는 글자도 있다. 보통은 성조표시를 하지 않고 모음 위에 점을 찍기도 한다.

3 성조부호 표시방법

(1) 자음 뒤에 모음 하나일 때, 무조건 모음 위에 표기한다.

(2) "i"위에 표기할 때는 "i"의 "·"을 빼고 표기한다.

(3) 모음이 두 개 이상일 때는 a → e → o → i → u/ ü의 모음순서
에 의해 표기한다.

(4) i 와 u 가 결합된 경우는 무조건 뒷 모음에 표기한다.

(5) 경성은 성조표기를 하지 않는다.

4 변조

(1) 3성의 변화

3성과 3성이 연속된 경우 앞의 3성은 2성처럼 변하여 발음된다.

> 3성 + 3성 →   2성 + 3성

你好!　　　nǐ hǎo　　　→　　　ní hǎo　　　안녕하세요.

水果　　　shuǐ guǒ　　→　　　shuí guǒ　　사과

(2) 단음절 형용사 중첩

몇 개의 단음절 형용사는 중첩하여 부사처럼 쓰인다. 이 때에 2음절
이 '儿화' 되면서 원래의 성조와 관계없이 제 1성으로 발음된다.

快 kuài　→　快快儿地 kuài kuār de　빨리

好 hǎo　→　好好儿地 hǎo hāor de　잘, 좋게

(3) 一(yī)

"一(yī)"는 제 1, 2, 3성이 올 때 제 4성으로 발음이 되며, 제 4성이 올 때는 제 2성으로 바뀐다. 단, 서수인 경우나 숫자를 하나씩 읽을 때는 원래 1성으로 발음되며 변화된 성조로 표기한다.

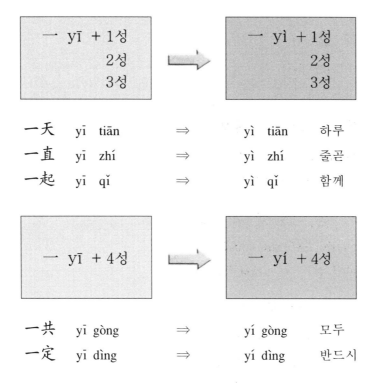

一天	yī tiān	⇒	yì tiān	하루
一直	yī zhí	⇒	yì zhí	줄곧
一起	yī qǐ	⇒	yì qǐ	함께

| 一共 | yī gòng | ⇒ | yí gòng | 모두 |
| 一定 | yī dìng | ⇒ | yí dìng | 반드시 |

(4) 不(bù)

"不(bù)"가 제 4성 앞에 오게 되면 제 2성 "不(bú)"로 발음이 변화된다.

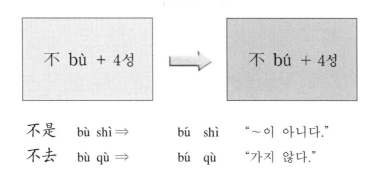

| 不是 | bù shì ⇒ | bú shì | "~이 아니다." |
| 不去 | bù qù ⇒ | bú qù | "가지 않다." |

02 중국어 문장구조

1 문장성분

我 很 好！
wǒ hěn hǎo!
저는 (매우) 잘 지냅니다.

你 是 导 游 吗？
nǐ shì dǎoyóu ma?
당신은 가이드입니까?

不 是, 我 是 游 客。
bú shì wǒ shì yóukè.
아닙니다. 저는 관광객입니다.

你 有 护 照 吗？
nǐ yǒu hùzhào ma?
당신은 여권이 있습니까?

有, 我 有 护 照 和 签 证。
yǒu, wǒ yǒu hùzhào hé qiānzhèng.
네, 저는 여권과 비자가 있습니다.

(1) 주어와 술어

我　很好。
wǒ　hěn hǎo.
주어　술어

중국어는 기본 문장구조는 '~가(는, 이)'라는 진술의 대상을 나타내는 주어와 '~하다.(이다.)'의 진술 내용을 나타내는 술어로 구성된다.

(2) 是(shì) 자문

중국어의 是(shì) 동사는 영어의 'be동사'에 해당하는 '~이다.'의 뜻을 가진 가장 기본적인 동사이다.

동사 是(shì)의 부정표현은 '不是(bú shì)'를 사용하여, '~가 아니다.'의 뜻으로 사용된다.

你　是　导游吗?
nǐ　shì　dǎoyóu ma?
주어 동사 보어
당신은 가이드입니까?

我　不　是　导游, 我 是 游客.
wǒ　bú shì dǎoyóu, wǒ shì yóu kè.
주어　동사　보어
저는 가이드가 아니고, 관광객입니다.

중국어의 기본문장구조는 '주어＋동사＋보어'(SVC)의 어순을 갖는다.

(3) 有(yǒu) 자문

중국어는 '~에는 ~가 있다.'라는 소유, 존재를 나타내는 동사 有(yǒu)를 사용한다.

동사 有(yǒu)의 부정표현에는 没有(méi yǒu)를 사용한다.

你　有　护照吗?
nǐ　yǒu　hùzhào ma?
주어 동사 목적어
당신 여권이 있습니까?

我　没　有　护照.
wǒ　méi yǒu hùzhào.
주어　동사　목적어
저는 여권이 없습니다.

2 중국어의 4가지 문형

你 叫 什 么 名 字 ?
nǐ jiào shénme míngzì?
당신 이름은 무엇입니까?

我 姓 金 , 我 叫 金 美 淑 。
wǒ xìng jīn, wǒ jiào jīnměishū.
저는 성은 김이고, 이름은 김미숙입니다.

你 今 年 多 大 ?
nǐ jīnnián duōdà?
당신은 올해 몇 세입니까?

我 今 年 二 十 二 岁 。
wǒ jīnnián èrshíèr suì.
저는 금년 22세입니다

六 三 大 厦 高 吗 ?
liùsān dàshà gāo ma?
63빌딩은 높은가요?

六 三 大 厦 很 高 。
liùsān dàshà hěn gāo.
63빌딩은 매우 높습니다.

你 身 体 好 吗 ?
nǐ shēntǐ hǎo ma?
몸 건강하십니까?

我 身 体 很 好 。
wǒ shēntǐ hěn hǎo.
아주 건강합니다.

(1) 동사술어문

술어의 성분이 동사인 문장을 '동사술어문'이라 한다.

你 叫 什 么 名 字 ?

nǐ　jiào shénme míngzì?

주어　술어(동사＋목적어)

이와 같은 문장은 중국어의 가장 기본적인 문장구조이며, 중국어는 영어와 같은 어순인 '주어＋동사＋목적어(SVO)' 형태를 취한다.

(2) 명사술어문

술어의 주된 성분이 명사인 문장을 '명사술어문'이라 한다.

我 二 十 二 岁 。

wǒ　èrshíèr suì.

주어　술어(명사)

'~는 ~이다.'의 표현은 일반적으로 동사술어문의 형태이지만, '학년, 나이, 날짜, 요일, 시간, 금액' 등의 경우에는 '是 shì'를 생략하고, '명사술어문'으로 나타낸다.

(3) 형용사술어문

술어의 주된 성분이 형용사인 문장을 '형용사술어문'이라 한다.

六 三 大 厦 很 高 。

liùsān dàshà　hěn gāo.

주어　　술어(형용사)

형용사술어문의 긍정표현시 술어인 형용사가 1음절인 경우 형용사 앞에 부사 '很 hěn'을 주로 붙여 어조를 조절한다.

(4) 주술술어문

술어의 주된 성분이 주어와 술어로 된 문장을 '주술술어문'이라 한다.

我 身 体 很 好 。

wǒ　shēntǐ　hěn hǎo.

주어　술어(주어＋술어)

旅游服务汉语

II

旅游汉语

여행중국어

제3과 自我介绍

zì wǒ jiè shào

大家好！

dàjiā hǎo!

我来做一下自我介绍。

wǒ lǎi zuòyíxià zìwǒ jièshào.

我叫金美淑。

wó jiào jīnměishū.

我是韩国人。

wǒ shì hánguórén.

我是大学生。

wǒ shì dàxuésheng.

我念旅游经营专业。

wǒ niàn lǚyóu jīngyíng zhuānyè.

我家有六口人。
wǒ jiā yǒu liù kǒu rén.

我的爱好是看电影。
wǒ de àihào shì kàn diànyǐng.

今天见到大家很高兴。
jīntiān jiàndào dàjiā hěn gāoxìng.

请多关照！
qǐng duō guānzhào!

여러분 안녕하세요.

제 소개를 하겠습니다.

제 이름은 김미숙입니다.

저는 한국인입니다.

저는 대학생입니다.

저는 관광경영을 전공하고 있습니다.

저희 가족은 여섯 명입니다.

저의 취미는 영화감상입니다.

오늘 여러분을 만나서 너무 기쁩니다.

많은 부탁드립니다.

자기소개

自我	zìwǒ	자기, 자신
介绍	jièshào	소개
大家	dàjiā	여러분
叫	jiào	~라 불리다.
韩国人	hánguórén	한국인
大学生	dàxuésheng	대학생
念	niàn	공부하다.
旅游	lǚyóu	관광
经营	jīngyíng	경영
专业	zhuānyè	전공
爱好	àihào	취미
看	kàn	보다.
电影	diànyǐng	영화
见	jiàn	만나다.
谢谢	xièxie	감사합니다.
请	qǐng	~해 주세요.
关照	guānzhào	돌보다.

1 중국어 인사

안녕하세요?	你好！ nǐ hǎo!	
안녕히 가세요.	再见！ zàijiàn!	
감사합니다.	谢谢。 xièxie.	
천만예요.	不客气！ búkèqi!	
죄송합니다.	对不起！ duìbuqǐ!	
괜찮습니다.	没什么！ méishénme!	

2 인칭대명사

중국어의 인칭대명사는 크게 1인칭, 2인칭, 3인칭 단수와 복수로 나타낸다.

	1인칭	2인칭	3인칭
단수	我 나	你 너 / 您 당신	他 그 / 她 그녀
복수	我们 / 咱们 우리	你们 너희들	他们 / 她们 그들

3 가족호칭

爸爸	bàba	아빠	妈妈	māma	엄마
哥哥	gēge	오빠(형)	姐姐	jiějie	누나(언니)
弟弟	dìdi	남동생	妹妹	mèimei	여동생
丈夫	zhàngfu	남편	太太	tàitai	아내
儿子	érzi	아들	女儿	nǚér	딸
爷爷	yéye	할아버지	奶奶	nǎinai	할머니
孙子	sūnzi	손자	孙女	sūnnǚ	손녀

4 가족에 대한 질문

你家有几口人 ?

nǐ jiā yǒu jǐ kǒu rén?

당신은 가족이 몇 명입니까?

我家有六口人。

wǒ jiā yǒu liù kǒu rén.

저희 가족은 6명입니다.

你家都有谁 ?

nǐ jiā dōu yǒu shéi?

당신 가족은 어떻게 됩니까?

我家有爸爸, 妈妈, 哥哥, 姐姐, 妹妹 和我。

wǒ jiā yǒu bàba māma gēge jiějie mèimei hé wǒ.

아빠, 엄마, 오빠와 언니, 여동생이 있습니다.

5 국가 이름

韩国	hánguó	한국
中国	zhōngguó	중국
日本	rìběn	일본
美国	měiguó	미국
英国	yīngguó	영국
法国	fǎguó	프랑스
德国	déguó	독일
台湾	táiwān	대만
西班牙	xībānyá	스페인
意大利	yìdàlì	이탈리아
印度	yìndù	인도

6 국적에 관한 질문

你 是 哪 国 人?
nǐ shì nǎ guó rén?
당신은 어느 나라 사람입니까?

我 是 韩 国 人。
wǒ shì hánguórén.
저는 한국인입니다.

旅游服务汉语

제4과 换钱

huànqián

A： 您好！我想换钱，把韩币换成人民币。

Nín hǎo！Wǒ xiǎng huànqián, bǎ hánbì huànchéng rénmínbì.

B： 请给我看一下您的护照。您要换多少钱？

Qǐng géi wǒ kànyíxià nín de hùzhào. Nín yào huàn duōshǎoqián?

A： 在这儿。我想换50万韩币。

Zài zhèr. Wǒ xiǎng huàn wǔshí wàn hánbì.

B： 请您填一下兑换单。

Qǐng nín tiānyíxià duìhuàndān.

A： 填完了，给您。麻烦您把一张100块的人民币换成10张10块的，好吗？

Tiān wǎnle, gěinín. Máfan nín bǎ yìzhāng yībǎi kuài de rénmínbì huànchéng shízhāng shíkuàide, hǎoma?

B : 好吧。这是您换的人民币，请您确认一下。如果没有问题，请在这儿签个字。

Hǎoba. Zhèshì nín huànde rénmínbì, qǐng nín quèrén yíxià. Rúguǒ méiyǒ wèntí, qǐng zàizhèr qiāngezì.

A : 对，没问题，谢谢您。

Duì, méiwèntí, xièxie nín.

B : 不客气。您慢走。

Búkèqi. Nín mànzǒu.

해석

환　전

A : 안녕하십니까? 저는 환전하고 싶은데요,
　　한국돈을 중국돈으로 바꾸고 싶습니다.

B : 손님의 여권을 좀 보여 주세요.
　　얼마 바꾸고 싶으신가요?

A : 여기에 있습니다. 저는 50만원을 바꾸고 싶습니다.

B : 환전 신청서를 적어 주세요.

A : 다 적었습니다. 여기에 있습니다. 죄송하지만 중국돈 100원짜리
　　한 장을 10원짜리 10장으로 바꿔 주시겠습니까?

B : 네. 이것은 바꾸신 중국돈입니다. 확인해 보십시오.
　　문제가 없으시면 여기에 사인해 주십시오.

A : 네, 맞습니다. 감사합니다.

B : 안녕히 가십시오.

换钱	huànqián	환전하다.
韩币	hánbì	한국돈
人民币	rénmínbì	중국돈
护照	hùzhào	여권
万	wàn	만
填	tiān	채우다, 기입하다.
兑换单	duìhuàndān	환전신청서
麻烦	máfan	폐를 끼치다, 귀찮게 하다.
确认	quèrèn	확인하다.
如果	rúguǒ	만약에…
问题	wèntí	문제
签字	qiānzì	사인
慢走	mànzǒu	안녕히 가십시오.

1　수를 세는 법

数　字	shǔzì	숫　자
零	líng	0
一	yī	1
二	èr	2
三	sān	3
四	sì	4
五	wǔ	5
六	liù	6
七	qī	7
八	bā	8
九	jiǔ	9
十	shí	10
百	bǎi	백
千	qiān	천
万	wàn	만
亿	yì	억

중국어의 숫자 세기는 우리와 같다.

그러나 숫자 1"一(yī)"은 전화번호 등에서 (yāo)로 발음한다.

2 해를 나타내는 말

前年	qiánnián	재작년
去年	qùnián	작년
今年	jīnnián	금년
明年	míngnián	내년
后年	hòunián	내후년

3 달을 나타내는 말

上个月	shàng ge yuè	지난달
这个月	zhè ge yuè	이번달
下个月	xià ge yuè	다음달

4 요일을 나타내는 말

上个星期	shàng ge xīngqi	지난주
这个星期	zhè ge xīngqi	이번주
下个星期	xià ge xīngqi	다음주

5 날을 나타내는 말

前天	qiántiān	그제
昨天	zuótiān	어제
今天	jīntiān	오늘
明天	míngtiān	내일
后天	hòutiān	모레

6 때를 물어보는 말

중국어에서 때를 물어볼 때는 "언제 什么时候 shénme shíhou"를 사용하고, 대답 시에는 什么时候의 자리에 해당되는 때를 넣으면 된다."

他什么时候回来?
tā shénme shíhou huílái?
그는 언제 돌아옵니까?

他明天下午回来。
tā míngtiān xiàwǔ huílái.
그는 내일 오후에 돌아옵니다.

7 환전관련 용어

旅行支票	lǚxíngzhīpiào	여행자수표
外币兑换	wàibìduìhuàn	환전
外汇牌价	wàihuìpáijià	환율
零钱	língqián	잔돈
美元	měiyuán	달러
日元	rìyuán	일본돈
港币	gāngbì	홍콩돈
欧元	ōuyuán	유로화
美国	Měiguó	미국
加拿大	Jiānádà	캐나다
英国	Yīngguó	영국
法国	Fǎguó	프랑스
德国	Déguó	독일
意大利	Yìdàlì	이탈리아
巴西	Bāxī	브라질
亚洲	Yàzhōu	아시아
欧洲	ōuzhōu	유럽
北美洲	Běiměizhōu	북미주
南美洲	Nánměizhōu	남미주
非洲	Fēizhōu	아프리카

旅游服务汉语

제5과 出入境手续

chūrùjìng shǒuxù

A： 你好！ 你是王先生吗？

nǐ hǎo! nǐ shì wáng xiānsheng ma?

B： 是啊，我姓王，叫王杰。

shì a, wǒ xìng wáng, jiào wángjié.

A： 你是从哪儿来的？

nǐ shì cóng nǎr lái de?

B： 我是从上海来的。

wǒ shì cóng shànghǎi lái de.

A： 你来的目的是什么？

nǐ lái de mùdì shì shénme?

B： 是来旅游。

shì lái lǚyóu.

A： 你一个人来的吗？

nǐ yígerén láide ma?

A：服务员
fúwùyuán

B：王先生
wáng xiānsheng

B： 不，我跟弟弟一起来的。
bù, wǒ gēn dìdi yìqǐ láide.

A： 你要住几天？
nǐ yào zhù jǐtiān?

B： 四天三夜。
sì tiān sān yè.

A： 好，给你护照。
hǎo, gěi nǐ hùzhào.

B： 谢谢。再见！
xièxie. zàijiàn！

출입국수속

근무자 : 안녕하세요? 왕선생입니까?

왕선생 : 네, 그렇습니다. 제 성은 왕이고,
　　　　　이름은 걸입니다.

근무자 : 당신은 어디서 오셨습니까?

왕선생 : 저는 상해에서 왔습니다.

근무자 : 당신이 온 목적은 무엇입니까?

왕선생 : 여행입니다.

근무자 : 당신 혼자 오셨습니까?

왕선생 : 아니요, 제 동생과 같이 왔습니다.

근무자 : 얼마동안 머무르려 하십니까?

왕선생 : 3박 4일입니다.

근무자 : 좋습니다. 여기 당신의 여권입니다.

왕선생 : 감사합니다. 안녕히 계십시오.

入境	rùjìng	입국(하다.)
手续	shǒuxù	수속
服务员	fúwùyuán	근무자(종업원)
你好	nǐ hǎo	안녕하세요.(만날 때 인사)
吗	ma	의문조사
王先生	wáng xiānsheng	왕선생
姓	xìng	성
叫	jiào	(이름이)~라고 불리다.
从	cóng	~에서, ~로부터
哪儿	nǎr	어디(장소의 의문사)
来	lái	오다.
上海	shànghǎi	상해(중국의 지명)
目的	mùdì	목적
什么	shénme	어떤, 무엇(의문사)
旅游	lǚyóu	여행, 관광
一个人	yígerén	혼자
跟	gēn	~와
弟弟	dìdi	동생
一起	yìqǐ	~와 함께
要	yào	원하다. ~하려 하다.
住	zhù	묶다. 머무르다.
几天	jǐtiān	몇 일
四天三夜	sì tiān sān yè	3박 4일

给	gěi	(~에게) 주다.
护照	hùzhào	여권
再见	zàijiàn	안녕히 가세요.(헤어질 때 인사)
谢谢	xièxie	감사합니다.

1 중국어의 의문사

중국어에서 의문문을 만들 때 사용되는 의문사는 문장에서 알고자 하는 대상의 자리에 사용하며 어순의 도치는 일어나지 않는다.

사람	(누구)	谁	shéi
때	(언제)	什么时候	shénme shíhou
장소	(어디서)	哪儿	nǎr
		什么地方	shénme dìfang
사물	(무엇)	什么	shénme
방법	(어떻게)	怎么	zěnme
선택	(어느)	哪	nǎ
이유	(왜)	为什么	wèi shénme
적은 수량 (몇)		几	jǐ
많은 수량 (얼마)		多少	duōshǎo

2 의문사를 이용한 의문문

사람 (누구)	他是谁? tā shì shéi? 그는 누구입니까?
때 (언제)	他什么时候回来? tā shénme shíhou huílái? 그는 언제 돌아옵니까?
장소 (어디)	你从哪儿来的? nǐ cóng nǎr lái de? 당신은 어디에서 오셨습니까?
사물 (무엇)	这是什么? zhè shì shénme? 이것은 무엇입니까?
방법 (어떻게)	怎么走? zěnme zǒu? 어떻게 갑니까?
선택 (어느)	哪个是你的? nǎge shì nǐde? 어느 것이 당신 것입니까?
이유 (왜)	他为什么不来? tā wèi shénme bùlái? 그는 왜 안 옵니까?
수량 (몇)	你要住几天? nǐ yào zhù jǐtiān? 당신은 며칠 동안 머무르려 합니까?

3 출입국관련 단어

海关	hǎiguān	세관
检疫	jiǎnyì	검역
补充搜查	bǔchōng sōuchá	보완검색
货物检查	huòwù jiǎnchá	수화물조사
行李寄存处	xíngli jìcúnchù	물품보관소
出入境审查	chūrùjìng shěnchá	출입국심사

4 출입국관련 수속

办出入境手续。
bàn chūrù jìng shǒuxù.
출입국 수속을 하다.

填写出入境卡。
tiānxiě chūrùjìngkǎ.
출입국 카드를 작성하다.

请出示护照和签证。
qǐng chūshì hùzhào hé qiānzhèng.
여권과 비자를 보여주세요.

请利用 12号登机门。
qǐng lìyòng shíèr hào dēngjīmén.
출발 게이트 12번을 이용하세요.

旅游服务汉语

제6과　问路

－ 在询问中心 －

zài xúnwèn zhōngxīn

A：服务员
fúwùyuán

B：王先生
wáng xiānsheng

A ： 你好！ 您需要帮忙吗？

nǐ hǎo! nín xū yào bāngmáng ma?

B ： 请问！ 你们这儿有首尔地图吗？

qǐng wèn! nǐmen zhèr yǒu shǒu'ěr dìtú ma?

A ： 这儿有地图。

zhèr yǒu dìtú.

B ： 劳驾，乐天世界在哪儿？ 我看不明白，不知道哪儿是哪儿。

láojià, lètiān shìjiè zài nǎr? wǒ kàn bu míngbái, bù zhīdào nǎr shì nǎr.

A ： 哦。 我给你介绍一下。

ō, wǒ gěi nǐ jièshào yíxià.

B ： 啊，谢谢。

ā, xièxie.

A : 首尔是以汉江为界，这儿是北边，那儿是南边。

shǒu'ěr shì yǐ hànjiāng wéi jiè, zhèr shì běibiān, nàr shì nánbiān.

B : 啊，是吗？

ā, shì ma?

A : 而且，西边有机场，东边有乐天世界。

érqiě, xībiān yǒu jīchǎng, dōngbiān yǒu lètiān shìjiè.

B : 啊，我才明白了，非常感谢！

ā, wǒ cái míngbái le, fēicháng gǎnxiè!

길 묻기

- 안내센타에서 -

근무자 : 안녕하세요! 무엇을 도와드릴까요?

왕선생 : 실례합니다. 서울지도가 있습니까?

근무자 : 여기 지도 있습니다.

왕선생 : 죄송합니다만, 롯데월드가 어디에 있나요?
　　　　어디가 어딘지 잘 몰라서요.

근무자 : 아, 제가 알려드리죠.

왕선생 : 아 감사합니다.

근무자 : 서울은 한강을 경계로 하여 여기가 북쪽이고, 저기가 남쪽
　　　　입니다.

왕선생 : 아, 그렇군요.

근무자 : 또한, 서쪽에는 공항이 있고, 동쪽에는 롯데월드가 있습니다.

왕선생 : 아하, 잘 알겠습니다. 매우 감사합니다.

问路	wènlù	길묻기(길을 물어보다.)
询问中心	xúnwèn zhōngxīn	안내센터
请问	qǐng wèn	실례합니다.
需要	xūyào	필요하다.
首尔地图	shǒu'ěr dì tú	서울지도
这儿	zhèr	여기
劳驾	láojià	실례합니다.(죄송합니다.)
乐天世界	lètiān shìjiè	롯데월드
哪儿	nǎr	어디(장소의 의문사)
不知道	bù zhīdào	모르다. 알지 못하다.
给	gěi	~에게
介绍	jièshào	소개하다.
以~为…	yǐ wéi	~로써 …가 되다.
界	jiè	경계
汉江	hànjiāng	한강
北边	běibiān	북쪽
那儿	nàr	저쪽, 그쪽
南边	nánbiān	남쪽
而且	érqiě	또한, 그리고
西边	xībiān	서쪽
机场	jīchǎng	공항
东边	dōngbiān	동쪽
才	cái	겨우, 비로소
明白	míngbái	알다.

 중국어의 지시대사는 우리말의 이(것), 저(것), 그(것)의
세 가지 구분과는 달리 这, 那 두 가지로 구분한다.

1 지시대명사

가까운 거리(근칭)	먼 거리(원칭)		의문대명사
이 (여기)	그(저기)	저(거기)	어디
这 (zhè)	那 (nà)		哪 (nǎ)
这里 (zhèli)	那里 (nàli)		哪里 (nǎli)
这儿 (zhèr)	那儿 (nàr)		哪儿 (nǎr)

2 존재를 나타내는 "有"자문

"~에는 ~가 있다."라는 존재는 동사 有를 사용하여 다음과 같이 나
타낸다.

장소 + 有 + 사람(사물)
~에는 ~가 있다. (긍정문) 东边 有 乐天 世界。 dōngbiān yǒu lètiān shìjiè. 동쪽에는 롯데월드가 있습니다.
~에는 ~가 없다. (부정문) 西边 没有 机场。 xībiān méi yǒu jīchǎng. 서쪽에는 공항이 있습니다.

3 소재를 나타내는 "在"

"~는 ~에 있다."의 소재는 동사 在를 사용하여 다음과 같이 나타낸다.

사람 (사물) **＋** 在 **＋** 장소	
~는 ~에 있다. (긍정문)	~는 ~에 없다. (부정문)
乐天世界在哪儿? lètiān shìjiè zài nǎr? 롯데월드는 어디에 있습니까?	机场在东边吗? jīchǎng zài dōngbiān ma? 공항은 동쪽에 있습니까?
乐天世界在东边。 lètiān shìjiè zài dōngbiān. 롯데월드는 동쪽에 있습니다.	不。机场在西边。 bú. jīchǎng zài xībiān. 아닙니다. 공항은 서쪽에 있습니다.

4 방위사

东边	dōngbiān	동쪽
西边	xībiān	서쪽
南边	nánbiān	남쪽
北边	běibiān	북쪽
左边	zuǒbiān	왼쪽
右边	yòubiān	오른쪽
前边	qiánbiān	앞쪽
后边	hòubiān	뒤쪽
旁边	pángbiān	옆
对面	duìmian	맞은편
外边	wàibiān	바깥쪽
里边	lǐbiān	안쪽
上边	shàngbiān	위쪽
中间	zhōngjiān	중간
下边	xiàbiān	아래쪽

5 서울의 명소

景福宫	jǐngfúgōng	경복궁
国立中央博物馆	guólì zhōngyāng bówùguǎn	국립중앙박물관
昌德宫	chāngdégōng	창덕궁
青瓦台	qīngwǎtái	청와대
汝矣岛 六三大厦	rúyǐdǎo liùsān dàshà	여의도 63빌딩
首尔大学	shǒu'ěr dàxué	서울대
大学路	dàxuélù	대학로
明洞	míngdòng	명동
龙山电子城	lóngshān diànzichéng	용산전자상가
蚕室乐天世界	cánshì lètiān shìjiè	잠실롯데월드
江南站	jiāngnánzhàn	강남역
华克山庄	huákè shānzhuāng	워커힐호텔
韩国综合贸易展示馆	hánguó zhōnghé màoyì zhǎnshìguǎn	한국종합무역전시관

旅游服务汉语

제7과 交通工具

jiāotōng gōngjù

A : 请问一下，去东大门市场坐几路 (怎么坐车)？

qǐng wèn yíxià, qù dōngdàmén shìchǎng zuò jǐlù (zěnme zuò chē)?

B : 穿过那条马路后，到对面的站点坐30路公共

chuānguò nàtiáo mǎlù hòu, dào duìmiàn de zhàndiǎn zuò sānshí lù

汽车，就可以到东大门市场入口。

gōnggòng qìchē, jiù kěyǐ dào dōngdàmén shìchǎng rùkǒu.

A : 到那儿需要多长时间？

dào nàr xūyào duōcháng shíjiān?

B : 现在不是高峰时间，大概需要30分钟左右。

xiànzài bú shì gāofēng shíjiān, dàgài xūyào sānshí fēn zhōng zuǒyòu.

A : 堵车的话呢？

dǔchē de huà ne?

B： 堵车的话大概需要1个小时左右。

dǔchē de huà dàgài xūyào yígè xiǎoshí zuǒyòu.

A： 谢 谢！

xièxie!

B： 不客气！

búkèqi!

교통수단

A : 실례합니다. 동대문시장을 가려면 몇 번 버스를 타야 하나요?

B : 네, 저기 큰 길을 건너서 맞은편 정류장에서 30번 버스를 타시면, 동대문시장 입구까지 갑니다.

A : 얼마나 걸릴까요?

B : 글쎄요, 지금은 러시아워가 아니라 30분 정도면 도착할 수 있을 겁니다.

A : 만약 길이 막히면 얼마나 걸리죠?

B : 길이 막히면 1시간 가량 걸릴 수도 있습니다.

A : 감사합니다.

B : 별말씀을요.

交通工具	jiāotōng gōngjù	교통수단
坐	zuò	타다.
路	lù	길, 노선(번호)
穿	chuān	가로지르다.
过	guò	건너다.
马路	mǎlù	큰 길
对面	duìmiàn	맞은 편
站点	zhàndiǎn	정거장
公共汽车	gōnggòng qìchē	버스
入口	rùkǒu	입구
多长时间	duōcháng shíjiān	얼마나(시간)
高峰时间	gāofēng shíjiān	러시아워
堵车	dǔchē	차가 막히다.
大概	dàgài	대략
分钟	fēnzhōng	~분동안
左右	zuǒyòu	정도
小时	xiǎoshí	~시간동안
不客气	búkèqi	별말씀을요.

1 동사술어문 是

중국어의 동사 중에서 가장 기본 문형으로, "A 是 B" 형태로 "A는 B 이다."로 나타낸다.

이 때 주어의 인칭과 수, 시제 등에 의한 형태변화가 없다.

> 他是司机。
> tā shì sījī.
> 그는 운전기사입니다.

※ 是의 부정형

"A 是 B"의 부정은 "A 不 是 B"로 "A 는 B가 아니다."로 나타낸다.

> 他不是司机。
> tā bú shì sījī.
> 그는 운전기사가 아닙니다.

※ 是의 의문형

중국어의 일반적인 의문형은 평서문(긍정문)에 의문조사 吗를 붙이는 형 태이다. "A 是 B"의 의문형도 문장 끝에 吗를 붙여서 나타내거나, 정반의 문형, 즉 긍정형과 부정형을 함께 연결하여 "是不是"의 형태로 나타낸다.

> 他是司机吗？　　　　他是不是司机？
> tā shì sījī ma?　　　　tā shì bú shì sījī?

이 때 대답은 모두

> 긍정이면, 是
> 부정이면, 不 / 不是로 나타낸다.

2 탈것에 관한 동사구분

※ 동사 坐 zuò 를 사용하는 교통수단

汽车	qìchē	자동차
公共汽车	gōnggòng qìchē	버스
出租车	chūzūchē	택시
电车	diànchē	전차
面包车	miànbāochē	승합차
火车	huǒchē	기차
地铁	dìtiě	지하철
船	chuán	배
卡车	kǎchē	트럭
飞机	fēijī	비행기

※ 동사 骑 qí 를 사용하는 교통수단

摩托车	mótuōchē	오토바이
自行车	zìxíngchē	자전거
马	mǎ	말

3 교통수단 관련용어

赁借车	lìnjièchē	렌트카
停车场	tíngchēchǎng	주차장
司机	sījī	운전사
交警	jiāojǐng	교통순경
人行道	rénxíngdào	인도
车道	chēdào	차도
十字路口	shízì lùkǒu	십자로
红绿灯	hónglǜdēng	신호등
安全带	ānquándài	안전벨트
单程通行	dānchéng tōngxíng	일방통행
加油站	jiāyóuzhàn	주유소
驾驶证	jiàshǐzhèng	운전면허증

旅游服务汉语

제8과 购物

gòuwù

-在购物中心-

zài gòuwù zhōngxīn

A：服务员
fúwùyuán

B：王先生
wáng xiānsheng

A： 欢迎光临，您找什么？

huānyíng guānglín, nín zhǎo shénme?

B： 先看一看，那红色的帽子怎么卖？

xiān kàn yí kàn, nà hóngsè de màozi zěnme mài?

A： 一顶一万。 挺好看吧？

yì dǐng yí wàn. tǐng hǎokàn ba?

B： 那小的扇子呢？

nà xiǎode shànzi ne?

A： 小的五千，大的一万。

xiǎode wǔ qiān, dàde yí wàn.

B： 那，我买四个小扇子，两个大扇子。

nà, wǒ mǎi sì ge xiǎo shànzi, liǎng ge dà shànzi.

一共多少钱？

yígòng duōshǎoqián?

A : 我来算一下，一共四万块钱。

　　 wǒ lái suànyíxià, yígòng sì wàn kuài qián.

B : 能不能便宜点儿？

　　 néng bu néng piányi diǎnr?

A : 我们这儿是定价的，不能砍价。

　　 wǒmen zhèr shì dìngjià de, bù néng kǎnjià.

B : 好的，给你四万。祝你生意兴隆。

　　 hǎo de. gěi nǐ sì wàn. zhù nín shēngyì xìnglóng.

A : 请走好！

　　 qǐng zǒuhǎo!

해석

쇼 핑

-쇼핑센타에서-

매장직원 : 어서 오세요, 무엇을 찾으시나요?

손　　님 : 우선 구경 좀 하구요. 저 빨간 모자는 얼마인가요?

매장직원 : 만원씩입니다. 아주 예쁘죠?

손　　님 : 저기 있는 작은 부채는 얼마죠?

매장직원 : 작은 것은 5천원, 큰 것은 1만 원씩입니다.

손　　님 : 그럼, 작은 부채 4개와 큰 부채 2개 하겠습니다.
　　　　　 모두 얼마죠?

매장직원 : 계산해 볼게요, 모두 4만원입니다.

손　　님 : 좀 깎아주실 수 있나요?

매장직원 : 저희는 정찰제라 깎을 수 없습니다.

손　　님 : 좋습니다. 여기 4만원입니다. 많이 파세요.

매장직원 : 안녕히 가세요.

购物	gòuwù	쇼핑
欢迎光临	huānyíng guānglín	왕림해 주신 것을 환영합니다.
找	zhǎo	찾다.
什么	shénme	무엇
先	xiān	우선, 먼저
看	kàn	보다.
帽子	màozi	모자
卖	mài	팔다.
顶	dǐng	모자를 세는 양사
挺	tíng	아주, 매우
好看	hǎokàn	예쁘다. 멋있다.
扇子	shànzi	부채
算	suàn	계산하다.
一下	yíxià	잠깐, 잠시
一共	yígòng	모두
便宜	piányi	싸다
定价	dìngjià	정해진 가격, 정찰
能	néng	～할 수 있다.(가능)
砍价	kǎnjià	가격을 할인하다.
生意兴隆	shēngyì xìnglóng	사업(장사)이 번창하다.
走好	zǒuhǎo	안녕히 가세요.

1 중국어의 어순 (1)

> 수사 + 양사 + 명사
>
> **一本书**
> yì běn shū

중국어에서는 수를 나타내는 수사, 사물의 수량 단위를 표시하는 양사, 그리고 명사의 순으로 표현된다. 이때 양사는 각 명사에 따라 달라진다.

2 중국어에서 많이 사용하는 양사

个	gè	대부분의 양사를 대신하여 사용되는 가장 대표적인 양사(~ 개)
本	běn	서적류 등에 사용되는 양사(~ 권)
把	bǎ	자루가 있거나 손으로 쥘 수 있는 물건에 사용되는 양사(자루)
件	jiàn	일이나 종목, 항목, 의복을 세는 양사
辆	liàng	비행기를 제외한 바퀴 달린 물건에 사용되는 양사
枝	zhī	연필, 나뭇가지와 같이 적당한 길이를 가진 사물에 사용되는 양사
条	tiáo	길고, 가느다랗고 구불구불한 사물에 쓰이는 양사
次	cì	횟수와 차례 등에 사용되는 양사

중국어의 어순(2)

지시대명사 + 수사 + 양사 + 명사
这(一)本书
zhè yì běn shū

　　중국어에서는 지시대명사 "이(这 zhè), 그/저(那 nà), 어느(哪 nǎ)"는 그것만으로는 관형어가 될 수 없고, 반드시 위와 같은 어순으로 나타내야 한다. 이 때, 수사 '一'는 생략할 수 있다.

3 쇼핑관련 문구

价格太贵	jiàgé tài guì	가격이 (비)싸다.
挑礼物	tiāo lǐwù	선물을 고르다.
给我看别的	gěi wǒ kàn biéde	다른 것을 보여주세요.
包装	bāozhuāng	포장하다.

4 쇼핑관련 단어

大号	dàhào	큰 치수
中号	zhōnghào	중간치수
小号	xiǎohào	작은치수
特大号	tèdàhào	특대
更衣室	gèngyīshì	탈의실
收据	shōujù	영수증

5 색을 표현하는 말

颜色	yánsè	색깔
红色	hóngsè	빨간색
黄色	huángsè	노란색
蓝色	lánsè	파란색
绿色	lǜsè	초록색
白色	báisè	하얀색
黑色	hēisè	검은색
紫色	zǐsè	보라색
橙色	chéngsè	주황색

旅游服务汉语

III

航空汉语

항공중국어

I love China

Try to remember and if you remember than follow

제9과　预订机票

yùdìng jīpiào

A ： 喂，您好！ 这里是韩亚航空。

wèi, nín hǎo! zhèlǐ shì hányà hángkōng.

B ： 您好。 我想预订五月二十五号晚上七点

nín hǎo. wǒ xiǎng yùdìng wǔ yuè èr shí wǔ hào wǎnshàng qī

左右去上海的机票。

diǎn zuǒyòu qù shànghǎi de jīpiào.

A ： 您要单程的，还是往返的？

nín yào dānchéng de, hái shì wǎngfǎn de?

有没有陪同人？

yǒu méiyǒu péitóngrén?

> **A：**服务员
> fúwùyuán
>
> **B：**客人
> kèrén

B ： 我要单程的，是我自己去。

wǒ yào dānchéng de, shì wǒ zìjǐ qù.

A ： 嗯。。。 有晚上六点半的班机，经济舱可以吗？

n.. yǒu wǎnshàng liù diǎn bàn de bānjī, jīngjìcāng kěyǐ ma?

B ： 可以。

kěyǐ.

A : 请告诉您的姓名和联系方式。

qǐng gàosù nín de xìngmíng hé liánxì fāngshì.

B : 我叫金贤周。　我的手机号码是016-928-3745。

wǒ jiào jīn xiǎnzhōu. wǒ de shǒujī hàomǎ shì líng yāo liù jiǔ èr bā sān qī sì wǔ.

A : 预约好了。　下周五之前来领机票就可以了。

yùyuē hǎole. xiàzhōuwǔ zhī qián lái lǐng jīpiào jiù kěyǐ le.

谢谢您利用本航空公司。

xièxie nín lìyòng běn hángkōng gōngsī.

B : 再见。

zàijiàn.

해석

항공권 예약

항공사직원 :	감사합니다. 아시아나 항공입니다.
손　　　님 :	네, 5월 25일 저녁 7시 경 중국 상해로 가는 항공권을 예약하고 싶은데요.
항공사직원 :	편도인가요, 왕복편인가요? 동행자는 있으십니까?
손　　　님 :	편도로 저 혼자 갑니다.
항공사직원 :	음... 저녁 6시 30분 출발편이 있는데, 이코노미 클래스입니다. 괜찮으세요?
손　　　님 :	아, 좋습니다.
항공사직원 :	성함과 연락처를 주시겠습니까?
손　　　님 :	제 이름은 김현주입니다. 연락처는 016-928-3745입니다.
항공사직원 :	네, 예약되었습니다. 다음 주 금요일까지 티켓팅 해 주시기 바랍니다. 이용해주셔서 감사합니다.
손　　　님 :	안녕히 계십시오.

预订	yùdìng	예약하다.
机票	jīpiào	비행기표
韩亚航空	hányà hángkōng	아시아나항공
单程	dānchéng	편도
往返	wǎngfǎn	왕복
陪同人	péitóngrén	동행인
自己	zìjǐ	혼자
经济舱	jīngjìcāng	이코노미클래스
联系方式	liánxì fāngshì	연락처
手机号码	shǒujī hàomǎ	핸드폰번호
下周五	xiàzhōuwǔ	다음주 금요일
领	lǐng	영수하다.
本	běn	우리
航空公司	hángkōng gōngsī	항공회사

语法

1 공항관련 용어

机场班车	jīchǎng bānchē	공항 리무진버스
机场建设费	jīchǎng jiànshèfèi	공항이용료
机场免税店	jīchǎng miǎnshuìpǐn	공항면세점
失物招领处	shīwù zhāolǐngchù	분실물보관소

2 항공기예약

预订机票	yùdìng jīpiào	비행기표를 예약하다.
票已售完	piào yǐ shòuwán	좌석이 매진되었다.
被安排座号	bèi ānpái zuòhào	좌석을 배정받다.
停航	tíngháng	항공기가 결항되다.
缺班	quēbān	항공기가 지연되다.
托运货物	tuōyùn huòwù	항공기 수화물을 부치다.

需要哪种舱？

xūyào nǎ zhǒng cāng?

어떤 타입의 좌석을 원하십니까?

从首尔出发路过釜山前往上海。

cóng shǒu'ěr chūfā lùguò fǔshān qiánwǎng shànghǎi.

서울에서 부산을 경유하여 상해로 갑니다.

从仁川到北京坐飞机去需要多长时间？

cóng rénchuān dào běijīng zuò fēijī qù xūyào duōcháng shíjiān?

인천에서 북경까지 비행기로 얼마나 소요됩니까?

3 의문문 만드는 법

吗 의문문 문장의 끝에 吗(ma)를 붙인다.

先生，经济舱可以吗？

xiān sheng, jīngjì cāng kěyǐ ma?

선생님, 이코노미클래스 괜찮습니까?

可以。   不行。

kěyǐ   bùxíng

긍정: 괜찮습니다.   부정: 안 됩니다.

정반의문문 동사의 긍정형＋부정형으로 표현한다.

您有没有陪同人？

nín yǒuméiyǒu péitóngrén?

‖

您有陪同人没有？

nín yǒu péitóngrén méiyǒu?

당신은 동행인이 있습니까?

有。   没有。

yǒu   méi yǒu

긍정: 있습니다.   부정: 없습니다.

선택의문문 还是(hái shì)를 사용. 여러 개 중 선택

您要单程的，还是往返的？

nín yào dānchéng de, háishì wǎngfǎn de?

당신은 편도를 원하십니까? 아니면, 왕복편을 원하십니까?

我要单程的。

wǒ yào dānchéng de.

나는 편도를 원합니다.

旅游服务汉语

제10과 乘坐飞机

chéngzuò fēijī

A : 欢迎光临。您需要帮忙吗？
huānyíng guānglín. nín xūyào bāngmáng ma?

B : 我要乘坐六点半去上海的班机。
wǒ yào chéngzuò liù diǎn bàn qù shànghǎi de bānjī.

A : 预约了吗？机票领了吗？
yùyuē le ma? jīpiào lǐng le ma?

B : 领了，这儿有机票。
lǐng le, zhèr yǒu jīpiào.

A : 服务员
fúwùyuán

B : 客人
kèrén

A : 您要托运几个行李？
nín yào tuōyùn jǐ ge xíngli?

B : 我要托运两个。
wǒ yào tuōyùn liǎng ge.

A : 座位是靠窗户的，可以吗？
zuòwèi shì kàochuānghu de. kěyǐ ma?

B : 可以。
kěyǐ.

A : 那，我帮您确认一下。 晚上六点半，
nà, wǒ bāng nín quèrèn yí xià. wǎnshàng liù diǎn bàn,

从仁川出发前往上海的韩亚 ***次航班,

cóng rénchuān chūfā qiánwǎng shànghǎi de hányà *** cì hángbān,

座号是 5排 12A。

zuòhào shì wǔ pái shíèr A.

B： 是的。

shì de.

A： 这是登记证和领货单。 一个小时后,

zhè shì dēngjīzhèng hé línghuòdān. yí ge xiǎoshí hòu,

从12号登机门出去就可以乘坐飞机。

cóng shíèr hào dēngjīmén chūqù jiù kěyǐ chéngzuò fēijī.

B： 知道了, 谢谢。

zhīdào le xièxie.

항공기 탑승

항공사직원：	어서 오십시오. 무엇을 도와드릴까요?
손　　님：	6시 30분 상해로 가는 비행기를 타려고 합니다.
항공사직원：	예약과 티켓팅은 되어 있습니까?
손　　님：	네, 여기 항공권이 있습니다.
항공사직원：	짐은 몇 개나 부치실 겁니까?
손　　님：	두 개 부치려고 합니다.
항공사직원：	좌석은 창가 자리가 있는데 괜찮으십니까?
손　　님：	네, 좋습니다.
항공사직원：	네, 확인하겠습니다. 저녁 6시 30분 인천 출발 중국 상해로 가는 아시아나 항공 ***편이며, 좌석번호는 5열 12A입니다.
손　　님：	맞습니다.
항공사직원：	여기 보딩패스와 수화물표입니다. 1시간 후 12번 게이트를 이용하여 탑승하시면 됩니다.
손　　님：	알겠습니다, 감사합니다.

乘坐	chéngzuò	(비행기) 탑승하다.
班机	bānjī	비행기 정기편
托运	tuōyùn	탁송하다.
靠	kào	～에 기대어
窗户	chuānghu	창문
仁川	rénchuān	인천
出发	chūfā	출발
座号	zuòhào	좌석번호
排	pái	열
登记证	dēngjìzhèng	보딩패스
领货单	lǐnghuòdān	수하물표
登机门	dēngjīmén	출발게이트

1 사계절과 날씨

중국어의 사계절과 날씨의 표현은 다음과 같다.

春天	chūntiān	봄	暖和	nuǎnhua	온화하다.
夏天	xiàtiān	여름	热	rè	덥다.
秋天	qiūtiān	가을	凉快	liǎngkùai	서늘하다.
冬天	dōngtiān	겨울	冷	lěng	춥다.

2 날씨에 대한 표현

(1) 날씨에 대한 표현 ①

晴	qíng	맑다.
阴	yīn	흐리다.
下雨	xiàyǔ	비가 오다.
下雪	xiàxuě	눈이 오다.
打雷	dǎléi	천둥치다.
闪电	shǎndiàn	번개치다.
风有点儿凉	fēng yǒu diǎnr liǎng	바람이 좀 서늘하다.

(2) 날씨에 대한 표현 ②

今天天气怎么样？

jīntiān tiānqì zěnmeyàng?

오늘 날씨가 어떠합니까?

今天(天气)比昨天有一点儿冷。

jīntiān tiānqì bǐ zuótiān yǒu diǎnr lěng.

오늘 날씨는 어제보다 조금 춥습니다.

날씨와 같은 상태를 물어볼 때는 성질, 방법 등에 관한 의문대사인 怎么样(zěnmeyàng)을 써서 표현한다.

3 형용사의 비교표현

A <比 B> 형용사

A는 B보다 ~이다.

今天比昨天热。

jīntiān bǐ zuótiān rè.

오늘은 어제보다 덥다.

A 没有 B 这么(那么)

A는 B만큼 ~가 아니다.

今天没有昨天那么热。

jīntiān méiyou bǐ zuótiān nàme rè.

오늘은 어제만큼 덥지 않다.

4 기내사용문형

换座
huànzuò
좌석을 바꾸다.

系安全带
jì ānquándài
좌석벨트를 매다.

使椅子往后倾
shǐ yǐzi wǎng hòu qīng
의자를 뒤로 젖히다.

使桌椅放回原处
shǐ zhuōyǐ fàng huí yuǎnchù
테이블과 의자를 제자리로 하다.

5 항공기관련단어

国际机场	guójì jīchǎng	국제공항
国内航线	guónèi hángxiàn	국내선
空中小姐	kōngzhōng xiǎojiě	스튜어디스
乘务员	chéngwùyuán	스튜어드
登机证	dēngjīzhèng	보딩패스
机内便餐	jīnèi biàncān	기내식
机内免税品	jīnèi miǎnshuìpǐn	기내면세품
商务舱	shāngwùcāng	비즈니스클래스

旅游服务汉语

제11과 找座位

zhǎo zuòwèi

A： 欢迎光临！

Huānyíng guānglín！

B： 您好！请问，我的座位在哪边？

Nínhǎo！Qǐngwèn, wǒde zuòwwèi zài nǎbiān?

A： 请给我看一下您的登机牌。

Qǐng gěiwǒ kàn yíxià nínde dēngjīpái.

B： 在这儿。

Zài zhèr.

A： 您的座位号是20A，您从左边的走道一直走，就可以找到了。

Nínde zuòwèihào shì érshíA, nín cóng zuǒbiān de zǒudào yìzhí zǒu,
jiù kěyǐ zhǎodàole.

B： 谢谢。

Xièxie.

空中小姐，我有点儿冷，请给我一条毯子，好吗？

Kōngzhōng xiǎojiě, wǒ yǒu yìdiǎr lěng, qǐng gěi wǒ yì tiáo tǎnzi,
hǎoma?

A： 好，您稍等。

Hǎo, nín shāo děng.

这是您要的毯子。

Zhè shì nín yào de tǎnzi.

B： 谢谢您。

Xièxie nín.

A： 不客气。

Bú kèqi.

해석

좌석안내

A : 환영합니다.

B : 안녕하십니까? 실례지만 제 자리가 어느 쪽에
있습니까?

A : 손님의 탑승권을 좀 보여 주십시오.

B : 여기 있습니다.

A : 손님의 좌석번호는 20A입니다. 왼쪽 통로에서 곧장 가시면
찾으실 수 있습니다.

B : 감사합니다. 승무원 아가씨, 제가 좀 추운데,
담요 한 장을 갖다 주시겠습니까?

A : 네, 잠깐 기다리십시오. 이것은 손님이 부탁하신 담요입니다.

B : 감사합니다.

A : 괜찮습니다.

机内	jīnèi	기내
找	zhǎo	찾다.
座位号	zuòwèihào	좌석번호
登机牌	dēngjīpái	보딩패스
从	cóng	…로부터
走道	zǒudào	통로
一直	yìzhí	곧장
空中小姐	kōngzhōng xiǎojiě	스튜어디스
毯子	tǎnzi	담요

1 결과보어

중국어에서 서술어 뒤에 놓여 그 결과를 보충하여 설명하는 것을 '결과보어'라 한다.

서술어의 의미에 따라 많이 사용되는 결과보어는 다음과 같다.

成 chéng ~으로 되다. (변화)	换成 huànchéng 变成 biànchéng
到 dào ~(결과, 목적)에 도달하다	找到 zhǎodào 买到 mǎidào
懂 dǒng 알다. 이해하다.	听懂 tīngdǒng 看懂 kàndǒng
好 hǎo 다하다.(완료)	学好 xuéhǎo 卖好 màihǎo
见 jiàn 느끼다.(청각, 시각)	听见 tīngjiàn 看见 kànjiàn
完 wǎn 마치다.	吃完 tīngwǎn 做完 zuòwǎn
开 kāi 분리되다. 열리다.	分开 fěnkāi 打开 dǎkāi
在 zài 정착, 고착되다.	放在 fàngzài 住在 zhùzài

결과보어 뒤에는 주로 동작이나 행위의 완료를 나타내는 '了'를 쓴다.
부정문의 경우는 '~(还)没'를 쓰며, 이때에는 '了'를 쓰지 말아야 한다.

他吃完了吗?

tā chī wǎn le ma?

그는 식사를 다 했습니까?

他还没吃完。

tā hái méi chī wǎn.

그는 아직 식사를 다 하지 않았습니다.

서술어가 목적어를 가지고 있는 경우에는 주로 결과보어 뒤에 목적어
를 쓰고, 목적어가 긴 경우에는 그 목적어를 주어 앞으로 전치시켜 사
용하기도 한다.

我看完了这本书。

wǒ kàn wǎn le zhè běn shū.

나는 이 책을 다 읽었습니다.

这本书我看完了。

zhè běn shū wǒ kàn wǎn le.

이 책을 나는 다 읽었습니다.

弟弟还没做完作业。

dìdi hái méi zuò wǎn zuòyè.

남동생은 아직 숙제를 다 하지 못했습니다.

2 보충단어

会员卡	huìyuánkǎ	회원카드
积分	jīfēn	누적점수, 마일리즈
机长	jīzhǎng	기장
紧急出口	jǐnjíchūkǒu	비상구
安全门	ānquánmén	비상구
救生衣	jiùshēngyī	구명의
戴口罩	dài kǒuzhào	마스크를 쓰다.
洗手间	xǐshǒujiān	화장실

旅游服务汉语

제12과 机内广播

jīnèi guǎngbō

-广播指南-

guǎngbō zhǐnán

前往韩国仁川的旅客们，请注意。

Qiánwǎng Hánguó Rénchuān de lǚkèmen, qǐng zhùyì.

您乘坐的中国国际航空公司CA233次航班，很快就要起飞了。

Nín chéngzuò de Zhōngguó guójì hángkōng gōngsī CA èrsānsāncì hángbān, hěn kuài jiùyào qǐfēile.

还没登机的旅客，请您马上由5号登机口上飞机。

Háiméi dēngjī de lǚkè, qǐng nín mǎshang yóu wǔhào dēngjīkǒu shàng fēijī.

-机内广播-

jīnèi guǎngbō

各位旅客，请注意，飞机就要起飞了。

Gèwèi lǚkè, qǐng zhùyì, fēijī jiùyào qǐfēile.

请系好您的安全带。

Qǐng jìhǎo nínde ānquándài.

为了大家的安全，请把您的手机和笔记本电脑关上。

Wèile dàjiāde ānquán, qǐng bǎ nínde shōujī hé bǐjìběn diànnǎo guānshàng.

谢谢您的合作！

Xièxie nínde hézuò.

女士们，先生们，飞机马上就要到达韩国仁川国际机场。

Nǚshìmen, xiānshengmen, fēijī mǎshàng jiùyào dàodá Hánguó Rénchuān guójì jīchǎng.

现在飞机正在准备下降，请各位旅客系好安全带。

Xiànzài fēijī zhèngzài zhǔnbèi xiàjiàng, qǐng gèwèi lǚkè jìhǎo ānquándài.

祝各位旅途愉快，下次再会。

Zhù gèwèi lǚtú yúkuài, xiàcì zàihuì.

해석

기내방송

한국 인천에 가시는 승객 여러분, 안내말씀 드립니다.

중국국제항공 CA123 항공편이 곧 출발할 예정입니다.

아직 탑승하지 않으신 승객께서는 속히 5번 탑승구에서
탑승해주시기 바랍니다.

승객 여러분, 안내말씀 드립니다. 비행기가 곧 이륙하겠습니다.

안전벨트를 매 주시길 바랍니다.

승객 여러분의 안전을 위해서 핸드폰과 노트북 컴퓨터를 꺼주십시오.

협조해 주셔서 감사합니다.

신사, 숙녀 여러분,

비행기는 잠시 후 한국 인천국제공항에 도착하겠습니다.

지금 비행기는 착륙 준비를 하고 있습니다.

승객 여러분께서는 안전벨트를 매 주십시오.

여러분, 즐거운 여행이 되길 바랍니다. 다음에 또 뵙겠습니다.

广播指南	guǎngbō zhǐnán	안내방송
旅客	lǚkè	승객, 여행자
注意	zhùyì	주의하다.
就要	jiùyào	곧
起飞	qǐfēi	이륙하다.
马上	mǎshàng	곧
由	yóu	…에서, …로부터
各位	gèwèi	여러분
飞机	fēijī	비행기
系	jì	매다.
安全带	ānquándài	안전벨트
为了	wèile	…위하여
安全	ānquán	안전(하다)
手机	shǒujī	핸드폰
笔记本电脑	bǐjìběn diànnǎo	노트북
关	guān	끄다.
合作	hézuò	협조(하다)
女士	nǚshì	숙녀
先生	xiānsheng	신사
到达	dàodá	도착하다.
正在	zhèngzài	…하고 있는 중이다.
准备	zhǔnbèi	준비(하다)
下降	xiàjiàng	하강하다.
旅途	lǚtú	여행
愉快	yúkuài	즐겁다.
下次	xiàcì	다음번
再会	zàihuì	또 만나다.

1 능원동사

중국어에는 능원동사(能愿动词), 혹은 조동사(助动词)라 불리는 동사가 있다. 이들은 용언성 목적어를 동반하여 "능력, 의욕, 소망, 당연성, 개연성" 등을 나타낸다.

능력 허가	能 (néng) ~할 수 있다.	주로 신체나 지혜의 능력이 있어 할 수 있다는 경우
	可以 (kěyǐ) ~해도 좋다.	주로 객관적 조건에 의해 허락할 때에 사용
	会 (huì) ~할 수 있다.	학습, 연습 등 후천적 요인에 의한 능력을 나타낼 때
소망	想 (xiǎng) ~하려 하다.	~하고자 하는 소망에 가장 일반적으로 쓰이는 조동사
	要 (yào) ~하고 싶다.	"~할 예정이다. ~하고 싶다."의 경우 쓰인다.
당위	得 (děi) ~해야 하다.	의무로서 당연히 해야한다는 의미에 사용
	要 (yào) ~해야만 한다.	자발적으로 "~하지 않으면 안된다."의 뜻
개연성	会 (huì) ~일 것이다.	틀림없이 "~일 것이다."의 의미
	可能 (kěnéng) ~일지도 모른다.	개연성, 가능성 "아마 ~일지도 모른다."의 의미

2 처치문

중국어의 동사술어문은 일반적으로 '주어 + 동사 + 목적어'의 순서이다. 그러나 동작행위의 대상인 목적어를 강조하고, 그것을 어떻게 하였는지를 표현하는 경우 "把(ba)구문"을 사용하여 목적어를 도치시키는데, 이를 처치문이라 한다.

처치문은 다음과 같이 이루어진다.

주어 // <把 목적어> 술어~
服务员 // <把客人> 领到 ~ fúwùyuán　　　bǎ kèrén lǐngdào 종업원은 손님을 인도하고 ~

처치문에 대한 부정문의 경우, 혹은 조동사 등이 동반되는 경우, 把구문 앞에 부정부사, 조동사 등이 놓인다.

주어 // 부정부사 + <把 목적어> 술어~
服务员 // 还没 <把客人> 领到~ fúwùyuán　　　háiméi bǎ kèrén lǐngdào 종업원은 손님을 아직 인도하지 못했으며,~

旅游服务汉语

机内服务

jīnèi fúwù

-饮料服务-
yǐnliaò fúwù

A： 您喝点儿什么？

Nín hē diǎr shénme?

B： 有什么饮料？

Yǒu shénme yǐnlìao?

A： 有矿泉水、可乐、雪碧、橙汁儿等等。

Yǒu kuuàngquánshuǐ, kělè, xuébì, chéngzhīr děngdeng.

B： 请给我来一杯矿泉水。

Qǐng gěi wǒ lái yìbēi kuàngquánshuǐ.

A： 您要加冰块儿吗？

Nín yào jiā bīngkuàir ma?

B： 要。谢谢。

Yào. Xièxie.

-用餐服务-

yòngcān fúwù

A : 先生，请您用餐。有鸡肉和鱼，您要哪一种？

Xiānsheng, qǐng nín yòngcān. Yǒu jīròu hé yú, nín yào nǎ yì zhǒng?

B : 我要鸡肉。

Wǒ yào jīròu.

A : 您要咖啡，还是红茶？

Nín yào kāfēi, háishì hóngchá?

B : 我要一杯红茶。

Wǒ yào yì bēi hóngchá.

A : 请您把杯子放在盘子上。茶很热，请慢用。

Qǐng nín bǎ bēizi fàngzài pánzishang. Chá hěn rè, qǐng mànyòng.

B : 谢谢。

Xièxie.

해석

기내서비스

● 음료서비스

A : 무엇을 마시겠습니까?

B : 무슨 음료수가 있나요?

A : 생수, 콜라, 사이다, 오렌지주스 등이 있습니다.

B : 생수 한 잔을 주세요.

A : 얼음을 넣어 드릴까요?

B : 네, 감사합니다.

● 식사서비스

A : 선생님, 식사 나왔습니다. 닭고기와 생선이 있는데 어느 것을
드시겠습니까?

B : 저는 닭고기로 하겠습니다.

A : 당신은 커피를 드시겠습니까? 아니면 홍차를 드시겠습니까?

B : 홍차 한 잔을 주세요.

A : 잔을 쟁반 위에 놓으십시오. 차가 매우 뜨거우니 천천히 드세요.

B : 감사합니다.

吃饭	chīfàn	식사하다.
饮料	yǐnliào	음료수
可乐	kělè	콜라
雪碧	xuébì	사이다
橙汁儿	chéngzhīr	오렌지주스
矿泉水	kuàngquánshuǐ	생수
杯	bēi	잔
加	jiā	넣다.
冰块儿	bīngkuàir	얼음
先生	xiēnsheng	선생
用餐	yòngcān	식사하다.
鸡肉	jīròu	닭고기
鱼	yú	생선
啤酒	píjiǔ	맥주
听	tīng	(양사)캔
咖啡	kāfēi	커피
红茶	hóngchá	홍차
杯子	bēizi	컵, 잔
放	fàng	놓다.
盘子	pánzi	쟁반
慢用	mànyòng	천천히 먹다.

语法

1 가능보어

문장에서 서술어 뒤에 놓여서 가능여부를 보충 설명하는 문장성분을 '가능보어'라 한다.

'서술어 + 得/不 + 보어'의 형식으로 쓰인다.

听不懂 tīngbudǒng	듣고 이해가 되지 않는다.	听得懂 tīngdedǒng
吃不下 chībuxià	입맛이 없어 먹을 수 없다.	吃得下 chīdexià
吃不了 chībuliǎo	양이 너무 많아 먹을 수 없다.	吃得了 chīdeliǎo
吃不起 chībuqǐ	가격이 비싸서 먹을 수 없다.	吃得起 chīdeqǐ
吃不到 chībudào	먹을 것이 없어서 먹을 수 없다.	吃得到 chīdedào
分不开 fēnbukāi	떼어 놓을 수가 없다.	分得开 fēndekāi
看不起 kànbuqǐ	깔보다.	看得起 kàndeqǐ
来不及 láibují	시간적으로 늦다.(손을 쓸 틈이 없다.)	来得及 láidejí
赶不上 gǎnbushàng	시간에 맞출 수 없다.	赶得上 gǎndeshàng
离不开 líbukāi	떠날 수 없다.	离得开 lídekāi
买不起 mǎibuqǐ	돈이 없어 구매할 수가 없다.	买得起 mǎideqǐ
买不到 mǎibudào	물건이 없어서 구매할 수가 없다.	买得到 mǎidedào
受不了 shòubuliǎo	참을 수가 없다.	受得了 shòudeliǎo

(1) 예문

这么多的中国菜我一个人吃不了。

zhème duō de zhōngguócài wǒ yígerén chībuliǎo.

이처럼 많은 중국요리를 나 혼자서 먹을 수가 없습니다.

这个字太小，你看得清楚看不清楚?

zhè ge zì tàixiǎo, nǐ kàndeqīngchu kànbuqīngchu?

이 글자가 너무 작은데, 당신은 분명하게 잘 보이나요?

现在必须马上出发,否则就赶不上航班了。

xiànzài bìxū mǎshàng chūfā, fǒuzé jiù gǎnbushàng hángbān le.

반드시 지금 바로 출발해야지, 그렇지 않으면 비행기 시간에 댈 수 없다.

(2) 보충단어

牛肉	niúròu	소고기
猪肉	zhūròu	돼지고기
海鲜	hǎixiān	해산물
三明治	sānmíngzhì	샌드위치
水果	shuǐguǒ	과일
刀	dāo	칼
叉	chā	포크
筷子	kuàizi	젓가락
匙	chí	숟가락
餐巾	cānjīn	냅킨
餐巾纸	cānjīnzhǐ	종이냅킨

제14과 机内免税服务

jīnèi miǎnshuì fúwù

A : 小姐，给我来一张免税品目录，好吗？

Xiǎojiě, gěi wǒ lá yì zhāng miǎnshuìpǐn mùlù, hǎoma?

B : 座位前面有免税商品介绍，您可以参考一下。您要买点儿什么？

Zuòwéi qiánmiàn yǒu miǎnshuì shāngpǐn jièshào, nín kěyǐ cānkǎo yíxià. Nín yào mǎi diǎnr shénme?

A : 我想来一条七星香烟。

Wǒ xiǎng lái yì tiáo qīxīng xiāngyān.

B : 您还要别的吗？

Nín háiyào biéde ma?

A : 我想送朋友一瓶香水，可我不知道该送哪一种。

Wǒ xiǎng sòng péngyou yì píng xiāngshuǐ, kě wǒ bùzhīdào gāi sòng ná yì zhǒng.

B： 您是送给女士，还是男士？

Nín shì sòng gěi nǚshì, háishì nánshì?

A： 我送给女朋友。

Wǒ sòng gěi nǚpéngyou.

B： 最近，这种香水很受欢迎，我想您的女朋友一定也会喜欢的。

Zuìjìn, zhè zhǒng xiāngshuǐ hěn shòu huānyíng, wǒ xiǎng nín de nǚ péngyou yídìng yě huì xǐhuānde.

A： 好吧，就来这种香水吧。请您给包一下。

Hǎoba, jiù lái zhè zhǒng xiāngshuǐ ba。Qǐng nín gěi bāo yíxià.

B： 您是付现金，还是用信用卡？

Nín shì fù xiànjīn, háishì yòng xìnyòngkǎ?

A： 我用信用卡。

Wǒ yòng xìnyòngkǎ.

B： 好，您稍等。这是您的烟和香水。

Hǎo, nín shāo děng。Zhè shì nín de yān hé xiāngshuǐ.

A： 谢谢。

Xièxie.

A : 아가씨, 면세품 목록 한 장 주시겠습니까?

B : 자리 앞에 면세품 소개서가 있으니 참고하십시오.
무엇을 사시겠습니까?

A : 저는 마일드 세븐 라이트 담배 한 보루를 사고 싶습니다.

B : 다른 것도 필요하십니까?

A : 저는 친구에게 향수 한 병을 선물하고 싶은데 어느 것으로
해야 할지 모르겠네요.

B : 여자 분에게 선물하실 겁니까? 아니면 남자 분에게
선물하실 겁니까?

A : 저는 여자 친구에게 선물합니다.

B : 요즘 이 향수가 환영을 받습니다.
손님의 여자 친구도 틀림없이 좋아하실 겁니다.

A : 좋습니다. 그럼 이 향수를 주세요. 포장 좀 해 주세요.

B : 현금으로 하십니까? 아니면 신용카드로 하십니까?

A : 신용카드로 하겠습니다.

B : 네, 잠깐 기다리세요. 이것은 손님의 담배와 향수입니다.

A : 감사합니다.

免税品	miǎnshuìpǐn	면세품
目录	mùlù	목록
商品	shāngpǐn	상품
介绍	jièshao	소개(하다)
参考	cānkǎ	참고하다.
条	tiáo	보루
七星	qīxīng	마일드 세븐
香烟	xiāngyān	담배
朋友	péngyou	친구
香水	xiāngshuǐ	향수
知道	zhīdào	알다.
该	gāi	마땅히…해야 한다.
女士	nǚshì	여성
男士	nánshì	남성
最近	zuìjìn	요즘
受欢迎	shòu huānyíng	환영을 받다.
一定	yídìng	반드시
信用卡	xìnyòngkǎ	신용카드

语法

1 이중목적어

중국어의 일부 동사는 두 개의 목적어를 가질 수 있다.

문장구조는 '주어+동사+간접목적어(사람목적어)+직접목적어(사물목적어)' 어순이다.

이중목적어를 가질 수 있는 동사로는 '问(wèn), 给(gěi), 告诉(gàosu), 送(sòng), 找(zhǎo), 借(jiè), 教(jiāo), 还(huán)' 등이 있다.

(1) 예문

小雨送我一封信。 Xiǎoyǔ sòng wǒ yì fēng xīn. 샤오니는 내게 편지 한 통을 보냈다.
我告诉你他的秘密。 Wǒ gàosu nǐ tā de mìmì. 내가 당신에게 그의 비밀을 알려줄게요.
售货员找我四快钱。 Shòuhuòyuán zhǎo wǒ sì kuàiqián. 판매원은 내게 4위엔을 거슬러 주었다.
他问老师一个问题。 Tā wèn lǎoshi yí ge wèntí. 그는 선생님에게 한 가지 문제를 질문하였다.
你借我一点儿钱，好吗? nǐ jiè wǒ yì diǎnr qián, hǎoma? 당신은 내게 돈을 좀 빌려줄 수 있겠어요?

(2) 보충단어

购买	gòumǎi	구매하다.
眼霜	yǎnshuāng	아이 크림
防晒霜	fángshàishuāng	썬 크림
粉饼	fěnbǐng	파우더
粉底	fěndǐ	메이컵베이스
口红	kǒuhóng	립스틱(唇膏 chúngāo)
须后水	xūhòushuǐ	애프터 쉐이브
电须刀	diànxūdāo	전기면도기

/저/자/소/개/

■ 이하정(李河貞)

동남보건대학 관광중국어과 교수
관광학 박사
대한관광경영학회 이사
한국관광산업포럼 이사
전) 한국관광공사 관광통역원

<저 서>
관광과 예절, 백산출판사, 2002.
관광기초중국어, 백산출판사, 2004.

관광서비스 중국어 – 여행 · 항공편
MP3 CD 포함

2010년 9월 10일 초판 1쇄 발행
2015년 1월 20일 초판 3쇄 발행

지은이 이하정
펴낸이 진욱상 · 진성원
펴낸곳 백산출판사
교 정 편집부
본문디자인 오양현
표지디자인 오정은

저자와의
합의하에
인지첩부
생략

등 록 1974년 1월 9일 제1-72호
주 소 서울시 성북구 정릉로 157(백산빌딩 4층)
전 화 02-914-1621/02-917-6240
팩 스 02-912-4438
이메일 editbsp@naver.com
홈페이지 www.ibaeksan.kr

ISBN 978-89-6183-360-8
값 12,000원